Michel Chevalier

Lettres
sur l'Amérique

essai

ISBN : 978-1533633408

10 9 8 7 6 5 4 3 2 1

Michel Chevalier

Lettres
sur l'Amérique

essai

Table de Matières

Lettres sur l'Amérique[1]

I. LE TRAVAIL

Lancaster (Pensylvanie), 20 juillet 1835.

Il n'y a de succès, il n'y a de bonheur que par la spécialité. Homme ou peuple, si vous voulez réussir, gardez-vous de prétendre à tout savoir et de tout entreprendre. La nature humaine est finie ; limitez-vous comme elle dans vos désirs et dans vos efforts, Sachez vous contenter et vous contenir : c'est la loi de la sagesse.

Si ces préceptes sont justes, les Américains sont des gens au moins à demi sages, car ils les pratiquent au moins à demi. En général, l'Américain sait peu se contenter : sa notion de l'égalité, c'est de n'être l'inférieur de personne ; mais il n'aspire à monter que suivant une ligne. Son moyen unique, comme son unique pensée, c'est la domination du monde matériel, c'est l'industrie dansses diverses branches ; ce sont les affaires, c'est la spéculation, le travail, l'action.

A son unique objet tout pour lui se subordonne : l'éducation et la politique, la loi de la famille et celle de l'état. Tout, depuis la religion et la morale jusqu'aux usages domestiques et aux détails de la vie ; tout, dans la société américaine, est combiné et ployé suivant la direction qui converge le mieux vers le but commun de chacun et de tous.

Si la règle générale souffre des exceptions, elles sont peu nombreuses et tiennent à deux causes : premièrement, la société américaine, si absorbée qu'elle soit dans sa spécialité, ne doit pas rester à jamais emprisonnée dans ce cercle, et contient déjà le germe des destinées, quelles qu'elles puissent être, qui lui sont réservées pour les siècles à venir ; secondement, la nature humaine, quoique finie, n'est pas exclusive, et nulle force au monde ne saurait étouffer

---

1 L'Amérique, qui a déjà fourni à M. de Tocqueville la matière d'un livre de haute politique couronné d'un légitime succès, va être envisagée sous un jour nouveau, et plus particulièrement sous le point de vue pratique de ses théories, dans un ouvrage qui paraîtra prochainement à la librairie de Charles Gosselin. Les idées neuves et les rapprochemens instructifs abondent dans le livre de M. Michel Chevalier. C'est à ce livre qu'appartiennent les deux lettres suivantes, qui ne font que précéder un travail important écrit spécialement pour la *Revue* par l'auteur des *Lettres sur l'Amérique*. (N. Du D.)

Michel Chevalier

ses protestations contre l'exclusivisme des goûts, des institutions et des mœurs.

La spéculation et les affaires, le travail et l'action, voilà donc, sous diverses formes, la spécialité que les Américains ont choisie et à laquelle ils se vouent avec une ardeur qui tient de l'acharnement. C'était celle qu'ils devaient adopter, celle que leur avait assignée le doigt de la Providence, afin que la civilisation fût, dans le plus bref délai possible, mise en possession d'un continent.

Je ne puis sans douleur, penser qu'il y eut un moment où la France semblait appelée à partager la gloire de cette grande mission avec les deux peuples entre lesquels Dieu l'a placée, aussi bien sous le rapport du caractère et des institutions que sous celui de la position géographique, avec les Anglais et les Espagnols. Tandis que l'Espagne, alors reine du monde, envahissait l'Amérique du Sud et le vaste empire du Mexique, y civilisait, le sabre à la main, la population indienne, et y bâtissait des villes monumentales qui témoigneront de son génie et de sa puissance bien des siècles après que les déclamations de ses détracteurs seront tombées dans l'oubli ; tandis que l'Angleterre posait de chétives colonies sur la plage aride de l'Amérique du Nord, la France explorait la gigantesque vallée du Père des eaux, et s'emparait du Saint-Laurent, près de qui notre Rhin, *tranquille et fier*, n'est qu'un ruisseau modeste ; nous couronnions de fortifications le rocher à pic, de Québec, nous bâtissions Montréal, nous fondions la Nouvelle-Orléans et Saint-Louis, et, çà et là, nous défrichions les riches plaines de l'Illinois. De l'Amérique du Nord, nous possédions alors la portion la plus fertile, la plus belle, la mieux arrosée, la mieux taillée pour recevoir un superbe empire en harmonie avec nos sentimens d'unité. Nos ingénieurs, avec une sagacité qu'aujourd'hui les Américains admirent, avaient marqué par un fortin les positions les plus propres à recevoir de grandes villes. C'est ainsi que notre drapeau flottait à Pittsburg (alors Fort Duquesne), à Détroit, à Chicago, à Érié (alors Presqu'île), à Kingston (alors Fort Frontenac), à Michillimackinac, à Ticondéroga, à Vincennes, au fort de Chartres, à Péoria, à Saint-Jean, tout comme dans les capitales du Canada et de la Louisiane. Alors notre langue pouvait prétendre à être la langue universelle. Le nom français avait alors de belles chances pour devenir le premier, non-seulement, comme celui des Grecs, dans le monde des idées,

I. LE TRAVAIL

par la littérature et les arts, mais aussi, comme le nom romain, dans le monde matériel et politique, par le nombre des hommes qui eussent été fiers de le porter, par l'immensité du territoire que sa domination eût couvert. Louis XIV, aux jours de son apothéose, dans l'olympe qu'il s'était bâti, rêvait ce noble avenir pour son peuple et pour sa race. Dans l'exaltation d'un sublime orgueil, il croyait lire ces triomphes sur les pages du Destin. Il ne nous reste plus à nous, qui ne sommes séparés de lui que par un siècle, il ne nous reste plus, hélas ! que des regrets amers et impuissans. Les Anglais nous ont chassés à toujours, non-seulement d'Amérique, mais aussi des Indes-Orientales, où le grand-roi nous avait aussi installés. Nos descendans du Canada et de la Louisiane se débattent vainement contre le déluge britannique qui les ensevelit. Notre idiome se noie dans le même débordement ; les noms mêmes de notre ville et des régions que nous avions explorées se défigurent dans l'âpre gosier de nos heureux rivaux, et se teutonisent au point d'être méconnaissables. Nous avons oublié nous-mêmes qu'il fut un temps où nous pouvions prétendre à devenir les rois du Nouveau-Monde. Nous n'avons plus souvenance des hommes généreux qui se dévouèrent pour nous en assurer la domination. Pour que le nom de l'héroïque La Salle ne pérît pas, il a fallu que le congrès américain lui érigeât un petit monument dans la rotonde du Capitole, entre Penn et John Smith. Nous n'avons pas eu une pierre pour lui dans nos innombrables sculptures ; nos peintres ont couvert de couleurs des toiles qu'une lieue carrée contiendrait à peine, et il n'a pas eu les honneurs d'un coup de pinceau.

Pendant ce temps, des colosses, récemment apparus en Europe, nous défient, nous coudoient et nous pressent. En vain les efforts du second Charlemagne nous avaient rendu la capitale du premier César français et les plus belles provinces de Clovis ; capitale et provinces nous ont été ravies presque aussitôt. Un pas de plus en arrière, et nous sommes refoulés à jamais parmi les peuples secondaires, les peuples vieillis, les peuples déchus, sans successeurs pour recevoir et dignement porter l'héritage de la gloire de nos pères. Qu'a-t-il donc fallu pour faire rétrograder ainsi une grande nation, pour la dépouiller de son avenir ? Il a suffi, sous notre monarchie absolue, qu'il se trouvât un prince comme Louis XV, qui, du grand roi son aïeul, ne voulut accepter que les vices ; il

Michel Chevalier

a suffi que, pendant cinquante ans, la France servit de marche-pied et de jouet à l'infâme égoïsme de ce prince, à la honteuse impéritie de ses familiers. Les gouvernemens sans contrôle peuvent, dans un court espace de temps, enfanter des prodiges, mais ils sont exposés à de cruels retours.

Que fût-il arrivé si, au lieu d'être vaincus par les Anglais, nous eussions été leurs vainqueurs ? A juger, par les Canadiens et les créoles de la Louisiane, de ce qu'eût été le peuple de la Nouvelle-France, la rapidité et l'audace du mouvement civilisateur y eussent considérablement perdu. Lorsqu'il s'agit de vaincre des nations sur les champs de bataille, le Français peut entrer dans la lice, la tête haute ; pour dompter la nature, l'Anglais vaut mieux que nous. Il a une fibre plus rigide, des muscles mieux nourris ; physiquement, il est mieux constitué pour le travail ; il le pousse avec plus de méthode et, de persévérance il s'y plaît, il s'y entête. Si, dans son œuvre, il rencontre un obstacle, il l'attaque avec une passion concentrée dont nous, Français, nous ne sommes susceptibles que contre un adversaire sous forme humaine.

Avec quel zèle et quel entraînement l'Anglo-Américain remplit sa tâche de peuple défricheur ! Voyez comme il se fraie sa voie à travers les rochers et les précipices ; comme il lutte corps à corps contre les fleuves, contre les marécages, contre la foret primitive ; comme il détruit le loup et l'ours ; comme il extermine l'Indien qui, pour lui, n'est qu'une autre bête fauve ! Dans cette bataille contre le monde extérieur, contre la terre et l'eau, contre les montagnes et contre un air empesté, il semble plein de cette impétuosité avec laquelle la Grèce se précipitait sur l'Asie à la voix d'Alexandre ; de cette audace frénétique que Mahomet sut inspirer à ses Arabes pour la conquête de l'empire d'Orient ; de ce courage délirant qui animait nos pères, il y a quarante ans, lorsqu'ils se ruaient sur l'Europe. Aussi, sur les mêmes rivières où nos colons s'abandonnaient, en chantant, au canot d'écorce du sauvage, ils comptent, eux, des flottes de superbes bateaux à vapeur. Là où nous fraternisions avec les Peaux Rouges, couchant avec eux dans les bois, vivant, comme eux, de notre chasse, voyageant à pied à leur manière, par des sentiers escarpés, l'opiniâtre Américain a abattu les arbres antiques, promené la charrue, enclos les terrains, substitué les meilleures races bovines de l'Angleterre aux cerfs

I. LE TRAVAIL

de la forêt, établi des fermes, de florissans villages et d'opulentes cités, creusé des canaux et des routes. Ces chutes d'eau que nous venions admirer en amateurs du pittoresque, et dont nos officiers mesuraient la hauteur au péril de leur vie, ils les ont dérobées au paysage et enfermées dans les réservoirs de leurs moulins et de leurs fabriques. Si ces pays fussent restés français, la population qui s'y fût développée eût été plus gaie que l'américaine ; elle eût mieux joui de ce qu'elle eût possédé ; mais elle eût été entourée de moins de richesses et de comfort, et des siècles se fussent écoulés avant que l'homme eût été en droit de se dire le maître, sur la même étendue de sol que les Américains ont asservie en moins de cinquante ans.

Si l'on récapitule les actes passés à chaque session des législatures locales, on verra que les trois quarts au moins ont pour objet les banques qui créditent le travailleur, la création d'églises nouvelles, qui sont les citadelles où veillent les gardiens de l'esprit du travail ; les moyens de communication, routes, canaux, chemins de fer, ponts, bateaux à vapeur, qui, facilitent au producteur l'accès du marché ; l'instruction primaire à l'usage de l'ouvrier et du laboureur ; ou divers règlemens commerciaux ; ou l'incorporation de villes et de villages, ouvrages de ces hardis défricheurs. Il n'y est point question d'une armée ; les beaux-arts n'y figurent jamais, même pour mémoire ; les établissemens littéraires et les hautes études scientifiques y sont rarement honorés d'un souvenir.

Les lois tendent, par-dessus tout, à favoriser le travail, le travail matériel, le travail du moment. Dans les états un peu anciens, elles sont habituellement empreintes du respect de la propriété, parce que le législateur sent que le plus grand encouragement à donner au travail consiste à le respecter dans ce qui en est le fruit. Elles sont particulièrement conservatrices de la propriété foncière, soit par réminiscence des lois féodales de la mère patrie, soit aussi parce que l'on a tenu à conserver quelque élément stable au milieu de l'instabilité de toute chose ; cependant les lois s'inquiètent généralement beaucoup moins qu'en Europe de ce qui est droit acquis. Malheur aux existences en repos ou actuellement improductives, pour peu qu'elles puissent être accusées de s'appuyer sur le monopole et le privilège ! Le droit qui précède ici les autres, qui les efface tous, est celui du travail : le repos n'a pas encore droit

Michel Chevalier

de cité. C'est ainsi qu'excepté en matière de crédit public, où les états et les villes se piquent du plus grand scrupule à remplir leurs engagemens, dans tout débat entre le capitaliste et le producteur, c'est ordinairement le premier, qui a tort.[1]

Tout est ici disposé pour le travail : les villes sont bâties suivant la méthode anglaise ; les hommes d'affaires, au lieu d'être dispersés par la ville, occupent un quartier qui est exclusivement à eux, où pas une maison ne sert à l'habitation, où tout est bureaux et magasins. Les courtiers, les agens de change, les avoués, les avocats, y ont chacun leur cellule, les négocians leurs comptoirs. Les banques et les compagnies de toute nature y tiennent leur office ; les marchandises emplissent, de la cave au grenier, tous les édifices des rues adjacentes. A toute heure du jour, un négociant n'a que quelques pas à faire pour en rejoindre un autre, pour s'aboucher avec un homme de loi ou un courtier. Ce n'est point comme à paris, où l'on perd un temps précieux à courir l'un après l'autre. Paris est la cité commerciale la plus mal arrangée de l'univers. New-York est cependant moins bien ordonné que Londres ou que Liverpool. Il n'y existe rien dans le genre des grands *Docks* ou du *Commercial House*.

Les mœurs sont celles d'une société travaillante et agissante. A quinze ans, un homme entre dans les affaires ; à vingt-un, il est établi, il a sa ferme, son atelier, son comptoir ou son cabinet, son industrie enfin, quelle qu'elle soit. C'est aussi l'âge où il prend femme ; à vingt-deux ans, il est père de famille, et par conséquent il a un puissant aiguillon pour s'exciter au travail. Il n'y a ici de considération que pour celui qui a une profession, et, ce qui est à peu près la même chose, pour celui qui est marié, pour l'homme enfin qui est membre actif, directement utile de l'organisme social, qui contribue pour sa part à augmenter la richesse publique, en créant, soit des choses, soit des hommes. L'Américain est élevé dans cette idée, qu'il aura un état, qu'il sera agriculteur, artisan, manufacturier, commerçant, spéculateur, médecin, homme de loi ou d'église, peut-être tout cela successivement, et que, s'il est

---

1   Dans quelques états nouveaux, comme le Kentucky et l'Illinois, il a été passé, aux époques de crises commerciales, des lois qui intervenaient entre le débiteur et le créancier, et qui traitaient fort cavalièrement ce dernier. Elles avaient pour objet d'ajourner le paiement des dettes.

I. LE TRAVAIL

actif et intelligent, il arrivera à l'opulence. Il ne se conçoit pas sans profession, lors même qu'il appartient à une famille riche, car il ne voit point de gens de loisir autour de lui. L'homme de loisir est une variété de l'espèce humaine dont l'homme du nord, *l'Yankee*, ne soupçonne pas l'existence ; puis il sait que riche aujourd'hui, son père pourra être ruiné demain. Le père d'ailleurs est dans les affaires, selon l'usage, et ne se dessaisit pas de sa fortune : si le fils en veut avoir une présentement, qu'il se la fasse !

Les habitudes sont celles d'un peuple exclusivement travailleur. Du moment où il se lève, l'Américain est au travail. Il s'y absorbe jusqu'à l'heure du sommeil ; il ne permet point aux plaisirs de venir l'en distraire ; les affaires publiques seules ont le droit d'enlever quelques momens à ses affaires privées. L'instant des repas n'est point pour lui un délassement où il retrempe son cerveau fatigué, au sein d'une intimité douce. Ce n'est rien de plus qu'une désagréable interruption à sa besogne ; interruption qu'il accepte, parce qu'elle est inévitable, mais qu'il abrège le plus possible. Si la politique ne réclame point, le soir, son attention ; s'il n'est convoqué à aucune délibération, à aucune prière, il reste chez lui pensif et l'œil fixe, récapitulant les opérations du jour, ou préparant celles du lendemain. Il cesse ses travaux le dimanche, parce que la religion le lui ordonne ; mais elle lui prescrit aussi spécialement, pour ce jour-là, de s'abstenir de tout amusement, de toute distraction, musique, cartes, dés ou billard, sous peine de sacrilège au premier chef. Le dimanche, un Américain n'oserait pas recevoir ses amis. Ses domestiques refuseraient de s'y prêter ; c'est à peine si, ce jour-là, il peut obtenir d'eux qu'ils le servent lui-même à table à l'heure qui leur convient. Il y a quelques jours, le maire de New-York fut *accusé* par un journal d'avoir traité, le dimanche, certains nobles Anglais venus d'Europe, dans leur yacht, pour donner à la démocratie américaine une étrange idée des goûts britanniques. Il s'est empressé de faire publier qu'il connaissait trop bien ses devoirs de chrétien pour fêter ses amis le jour du *sabbath*. Rien n'est donc plus lugubre que le septième jour dans ce pays. Auprès d'un pareil dimanche, le travail du lundi est un passe-temps délicieux.

Abordez un négociant anglais le matin dans son comptoir, vous le trouverez raide et sec, ne parlant que par monosyllabes ; accostez-le à l'heure du courrier, il ne fera aucun frais pour vous dissimuler

Michel Chevalier

son impatience ; il vous éconduira, sans prendre toujours garde de le faire poliment. Le même homme, le soir dans son salon, ou l'été à sa maison de campagne, sera plein d'empressement et d'urbanité. C'est que l'Anglais divise son temps et ne fait qu'une chose à la fois. Le matin, il est tout aux affaires ; les affaires lui sortent par tous les pores. Le soir, c'est l'homme de loisir qui se repose et jouit de la vie ; c'est le *gentleman* qui a sous les yeux, pour façonner ses manières et s'instruire dans l'art de dépenser noblement son revenu, le parfait modèle de l'aristocratie anglaise.

Le Français moderne est un mélange indéterminé de l'Anglais du matin et du soir. Le matin, un peu Anglais du soir, et le soir passablement Anglais du matin. Le Français vieux-modèle était l'Anglais actuel du soir ; ou plutôt disons, pour rendre à chacun ce qui lui appartient, que c'est ce Français, dont le type se perd chez nous, sur qui, à beaucoup d'égards, s'est moulée l'aristocratie anglaise.

L'Américain des états du nord ou du nord-ouest, celui dont la nature domine aujourd'hui dans l'Union, est un homme d'affaires en permanence : c'est toujours l'Anglais du matin. On trouve beaucoup d'Anglais du soir dans les plantations du sud ; on commence à en rencontrer quelques-uns dans les métropoles du nord.

Haut, mince et dégagé dans sa taille, l'Américain semble bâti tout exprès pour le travail matériel. Il n'a pas son pareil pour aller vite en besogne. Nul ne s'assimile plus aisément une pratique nouvelle ; il est toujours prêt à modifier ses procédés ou ses outils, ou à changer de métier. Il est mécanicien dans lame. Chez nous, il n'y a pas d'élève des hautes écoles qui n'ait fait son vaudeville, son roman ou sa constitution monarchique ou républicaine. Il n'y a pas de paysan du Connecticut ou du Massachusetts qui n'ait inventé sa machine. Il n'y a pas d'homme un peu considérable qui n'ait son projet de chemin de fer, son plan de village ou de ville, ou qui ne nourrisse *in petto* quelque grande spéculation sur les terres inondées de la Rivière Rouge, ou sur les terrain à coton de l'Yazoo ou du Texas, ou sur les champs à blé de l'Illinois. Colonisateur par excellence, l'Américain-type, celui qui n'est pas plus ou moins européanisé, *l'Yankee* pur, en un mot, n'est pas seulement travailleur ; c'est un travailleur ambulant. Il n'a point de racines

I. LE TRAVAIL

dans le sol ; il est étranger au culte de la terre natale et de la maison paternelle ; il est toujours en humeur d'émigrer, toujours prêt à partir, avec le premier bateau à vapeur qui passera, des lieux même où il est installé à peine. Il est dévoré du besoin de locomotion ; il ne tient pas en place ; il faut qu'il aille et qu'il vienne, qu'il agite ses membres et tienne ses muscles en haleine. Quand ses pieds ne sont pas en mouvement, il faut qu'il remue les doigts ; que, de son inséparable couteau, il taille un morceau de bois, rogne le dos d'une chaise ou écorne une table ; ou, encore, qu'il occupe ses mâchoires à presser du tabac. Soit que le régime de la concurrence lui en ait donné l'habitude, soit qu'il se préoccupe outre mesure de la valeur du temps, soit que la mobilité de tout ce qui l'entoure et de sa propre personne tienne son système nerveux dans un ébranlement perpétuel, soit qu'il soit sorti ainsi fait des mains de la nature, il est toujours affairé, toujours pressé, excessivement pressé. Il est propre à tous les travaux, excepté à ceux qui exigent une lenteur minutieuse. Ceux-là lui font horreur : c'est sa conception de l'enfer. « Nous naissons à la hâte, dit un écrivain américain, nous faisons notre éducation à la course ; nous nous marions à la volée ; nous gagnons une fortune d'un coup de baguette, et nous la perdons de même pour la refaire et la défaire dix fois, toujours en un clin d'œil. Notre corps est une locomotive allant à raison de dix lieues à l'heure ; notre ame, une machine à vapeur à haute pression ; notre vie ressemble à une étoile qui file, et la mort nous surprend comme un éclair. »

— Travaille, dit au pauvre la société américaine ; travaille, et à dix-huit ans, tu gagneras plus, toi, simple ouvrier, qu'un capitaine en Europe.[1] Tu vivras dans l'abondance, tu seras bien vêtu, bien logé, et tu feras des économies. Sois assidu au travail, sobre et religieux, et tu trouveras une compagne dévouée et soumise ; tu auras un foyer domestique mieux pourvu de comfort que celui de beaucoup de bourgeois en Europe. D'ouvrier, tu deviendras maître ; tu auras des apprentis et des serviteurs à ton tour ; tu trouveras du crédit à pleines mains ; tu passeras fabricant ou gros fermier ; tu spéculeras et tu deviendras riche ; tu bâtiras une ville et tu lui donneras ton nom ; tu seras nommé membre de la législature de ton état

---

1 En ce moment le salaire d'un ouvrier maçon est de 9 fr. 35 cent, à Philadelphie et à New-York ; à trois cents jours de travail, ce serait 2,800 fr.

Michel Chevalier

ou alderman de ta métropole, puis membre du congrès ; ton fils aura autant de chances pour être nommé président que le fils du président lui-même. Travaille, et si la chance des affaires tourne contre toi et que tu succombes, ce sera pour te relever aussitôt, car ici la faillite est considérée comme une blessure dans une bataille ; elle ne te fera perdre ni l'estime, ni même la confiance de personne, pourvu que tu aies été toujours rangé et tempérant, bon chrétien et époux fidèle.

— Travaille, dit-elle au riche, travaille sans jamais songer à jouir. Tu accroîtras tes revenus sans accroître tes dépenses. Tu augmenteras ta fortune, mais ce ne sera que pour multiplier les moyens de travail en faveur du pauvre, et pour étendre ta puissance sur le monde matériel. Que ta tenue soit simple et austère. Je te permets, pour ton intérieur, de beaux tapis, de l'argenterie à foison, les plus beaux linges de la Saxe et de l'Écosse ; mais ta maison, à l'extérieur, sera sur le modèle de toutes celles de la ville ; tu n'auras ni livrée, ni luxe de chevaux ; tu n'encourageras pas le théâtre qui relâche les mœurs ; tu fuiras le jeu ; tu signeras les articles de la société de tempérance ; tu t'abstiendras même de la bonne chère ; tu donneras l'exemple de l'assiduité à l'église ; tu afficheras sans cesse le plus profond respect pour la morale et la religion ; car le cultivateur et l'ouvrier qui t'entourent ont les yeux sur toi, prennent modèle sur toi, et te reconnaissent encore de fait pour arbitre des mœurs et des coutumes, quoiqu'ils t'aient enlevé le sceptre de la politique. Si tu te laissais aller à jouir, si tu te livrais au faste, à la dissipation et aux plaisirs, ils lâcheraient, eux aussi, la bride à leurs passions, nécessairement grossières, à leurs violens appétits. C'en serait fait du pays, c'en serait fait de toi-même. -

Il est possible d'imaginer divers systèmes d'organisation sociale également propres en théorie à favoriser le travail ; on peut concevoir une société constituée pour le travail, sous l'influence du principe d'autorité, c'est-à-dire d'association hiérarchique ; on peut en concevoir une autre sous les auspices du principe de liberté ou d'indépendance. Pour organiser *à priori*, en vue du travail, un peuple déterminé, il faut, sous peine de tomber dans le roman, consulter ses circonstances de territoire et d'origine, savoir par où il a passé et où il va. Avec le peuple des États-Unis, rejeton de la race anglaise, et imbu de protestantisme jusqu'à la moelle des

I. LE TRAVAIL

os, le principe d'indépendance, d'individualisme, de concurrence enfin, devait réussir. L'âme fortement trempée des puritains, qui sont les *ultras* du protestantisme, ne pouvait manquer de s'en accommoder admirablement. Voilà pourquoi les fils des états de l'est, fondés par les *pélerins*,[1] ont joué le premier rôle dans la prise de possession de l'immense vallée du Mississipi.

La civilisation de l'ouest[2] est née du concours occulte et silencieux de deux ou trois cent mille jeunes cultivateurs partis, chacun pour son compte, de la Nouvelle-Angleterre, quelquefois avec un petit nombre d'amis, souvent seuls. Ce système n'aurait pu réussir avec des Français. *L' Yankee*, seul avec sa femme au milieu des bois, peut se suffire à lui-même. Le Français est éminemment social ; il ne supporterait pas l'isolement au sein duquel *l'Yankee* vit à l'aise. Celui-ci se passionne, tout seul, pour l'œuvre qu'il a conçue et qu'il s'est imposée. Le Français ne peut se passionner pour une entreprise industrielle qu'à condition d'être avec d'autres hommes, dont le concours soit évident et palpable, ou plutôt il n'est pas apte à se passionner pour un travail matériel, car il réserve ses affections et ses sympathies pour ce qui est vivant. Il lui est absolument impossible, à lui, d'être amoureux d'un défrichement, d'éprouver pour le succès d'une manufacture les mêmes transports que pour le salut d'un ami ou le bonheur d'une maîtresse ; mais il est susceptible de s'y appliquer avec ardeur, si ses passions caractéristiques, sa soif de la gloire et son émulation, sont excitées par le contact humain. S'il s'agissait de coloniser avec des Français, il faudrait donc peu compter sur les tentatives individuelles. En toute chose, le Français a besoin de sentir légèrement le coude du voisin, comme dans une ligne de bataille. Sur une terre à coloniser, on peut jeter des Américains isolés ; ils y formeront une multitude de petits centres qui, s'élargissant chacun de son côté, finiront par embrasser un grand cercle. S'il s'agit de Français, on doit porter avec eux sur la terre nouvelle un ordre social tout fait, des liens sociaux tout établis, ou, au mois, un cadre régulier d'ordre social et des points d'attache pour les liens sociaux ; c'est-à-dire qu'il

---

1 On désigne par ce nom (*Pilgrim-Fathers*) les puritains exilés qui vinrent s'établir à Boston et dans le pays d'alentour.

2 Je parle ici principalement du nord-ouest, c'est-à-dire de la portion de l'ouest où l'esclavage n'existe pas.

Michel Chevalier

leur faut, dès l'abord, le grand cercle avec son centre unique bien apparent.

Le Canada est à peu près la seule colonie que nous ayons fondée exclusivement avec des Français.[1] On y transporta une organisation sociale complète. Une fois le pays reconnu, la flotte royale y débarqua des seigneurs à qui le roi avait octroyé des fiefs. Ils étaient suivis de vassaux qu'ils avaient pris en Normandie et en Bretagne, et à qui ils distribuèrent des terres. Elle y déposa en même temps un clergé régulier et séculier, doté, lui aussi, d'amples domaines territoriaux, et qui de plus préleva la dîme. Puis vinrent des marchands et des compagnies à qui des priviléges étaient accordés pour la traite des pelleteries et pour le commerce. En un mot, les trois ordres, clergé, noblesse et tiers-état, furent importés, tout d'une pièce, de la vieille France dans la nouvelle. La seule chose que les colons laissèrent derrière eux fut la misère du plus grand nombre. Le système était bon pour l'époque ; le principe d'ordre et d'hiérarchie qui y présidait, sous la seule forme possible alors, était en harmonie avec le caractère du peuple. Ce qui l'atteste, c'est que sous ce régime, auquel les Anglais conquérans n'ont rien changé, le Canada a fleuri, et la population s'y est multipliée au sein d'une douce aisance. Je n'ai vu nulle part rien qui offrît mieux l'image de *l'aurea mediocritas* que les jolis villages des bords du Saint-Laurent. Ce n'est pas l'ambitieuse prospérité des États-Unis, c'est quelque chose de beaucoup plus modeste ; mais s'il y a moins d'éclat, en revanche il y a plus de contentement et de bonheur. Le Canada m'a rappelé la Suisse : c'est la même physionomie de satisfaction calme et de jouissances paisibles. On parlerait du Canada, s'il n'était pas à côté du colosse anglo-américain ; on citerait ses développemens sans les prodiges des États-Unis.

On ne serait pas fondé à prétendre que les progrès du Canada se sont réalisés en dépit du mode de colonisation ; la discussion entre le *parce que* et le *quoique* est aisée à terminer dans ce cas. Tout ce que le système primitif avait d'onéreux, subsiste encore intact, et la population ne s'en plaint pas. Les redevances seigneuriales, la dîme, le droit de mouture, le four banal, y sont actuellement en pleine vigueur ; et, chose incroyable, rien de tout cela ne figure

---

1 Dans la Louisiane, à Saint-Domingue et dans les îles, la masse de la population était formée de noirs.

I. LE TRAVAIL

dans l'interminable liste de quatre-vingt-treize griefs récemment dressée par les Canadiens contre le régime qui les gouverne.

En France, Dieu merci, il n'y a plus de seigneurs, de vassaux ni de dîmes ; les trois ordres sont abolis : il n'y a même plus de royauté absolue ; mais nous avons un gouvernement à trois têtes qui dispose de ressources bien autrement inépuisables, de moyens d'action bien autrement énergiques. Ce pouvoir central, le seul qui subsiste maintenant, doit faire intervenir sa direction là où autrefois la royauté et les divers ordres imposaient la leur. Nous ne fonderons de colonie ni à Alger ni ailleurs, à moins que le gouvernement ne se charge d'y remplir, sauf les modifications exigées par le progrès des temps et par les circonstances, le rôle que jouèrent au Canada la noblesse et le clergé. Les intermédiaires qui existaient autrefois entre la royauté et la masse de la nationont disparu. Une partie de leurs prérogatives peut et doit être remise au peuple, ainsi qu'il a déjà été fait à l'égard de l'administration intérieure du pays ; car la nation, devenue plus éclairée et plus apte à se diriger elle-même, n'a pas besoin, au même degré que par le passé, d'une règle venue d'en haut. Cependant la majeure partie des prérogatives des anciens pouvoirs doit aller grossir celle du pouvoir central, et non point être annulée purement et simplement. Avec nous, Français, tels que nous sommes aujourd'hui, il convient, pour le bien général, que le gouvernement ait la meilleure part dans l'héritage des influences du passé, surtout en matière de colonisation. Rien n'est plus difficile que de coloniser ; c'est une création tout entière. Le propre d'une colonie, c'est d'être mineure ; aux États-Unis, où le *self-government* a été poussé jusqu'à la dernière limite, les colonies continentales, qu'on appelle*territoires*, sont traitées comme mineures jusqu'à ce qu'elles aient réuni une population de soixante mille ames ; or, à tout mineur un tuteur est indispensable.

Sans doute un gouvernement qui veut coloniser peut rechercher le concours des capitalistes ; mais on se méprendrait si l'on en attendait, relativement à Alger, de grands efforts et de grands résultats. En fait de compagnies, nous ne sommes pas beaucoup plus avancés aujourd'hui que du temps de Louis XIV : peut-être le sommes-nous moins ; je cherche vainement en France quelque chose qui puisse être comparé à nos ci-devant compagnies des Indes.

Michel Chevalier

Je ne veux pas faire le métier de prophète, encore moins celui de prophète de malheur ; d'ailleurs, à la distance où je suis d'Alger, je n'en dois parler qu'avec une extrême réserve. Je suis cependant persuadé qu'avec le système de laisser-faire ou de ne rien faire, adopté par le gouvernement, nous ne sommes pas en chemin d'y implanter une population française. Et pourtant, jusqu'à ce qu'il y ait deux cent mille ou trois cent mille Français, notre domination n'y sera qu'éphémère, à la merci d'un vote inopiné des chambres, ou d'un caprice ministériel, ou d'un bruit de guerre ; et, qui pis est dans ce siècle positif, Alger nous coûtera beaucoup sans nul retour.

Si je ne m'abuse complètement, ce qui se déverse à Alger, avec le système des émigrations individuelles, doit être, sauf un petit nombre d'exceptions, le rebut de nos grandes villes. Il y faudrait la fleur de nos campagnes et de nos ateliers, de jeunes cultivateurs ou de robustes ouvriers, comme ceux qui, le mousquet à la main, font la gloire de nos armées : ceux-là auraient la force et la volonté de s'emparer du sol, comme s'en empare la civilisation, par la culture et le travail. Nos honnêtes campagnards et nos ouvriers intelligens sont sourds à l'appel des compagnies ; ils ont de bonnes raisons pour ne pas croire aux promesses des spéculateurs. Ils ne se déplaceront, pour aller asseoir avec eux la domination française sur le sol de l'Afrique, que lorsqu'un gouvernement éclairé les y appellera non vaguement, mais nominativement, les y conduira et les y installera lui-même.

Tous les ans, deux milliers environ de soldats quittent la régence (car c'est encore la régence !) pour rentrer dans leurs foyers et redevenir ouvriers et paysans. Quelle fortune ne serait-ce pas pour Alger, si l'on pouvait les y retenir, ou s'ils voulaient y retourner, après être venus en France prendre femme ! Avec l'ambition d'arriver à la propriété dont tout homme est possédé aujourd'hui, il ne serait pas impossible de les y résoudre en leur donnant des terres, des outils, des maisonnettes, que l'armée aurait bâties elle-même. Distribués dans de grandes fermes ou dans des villages, autour desquels chacun d'eux aurait son champ, et qu'au besoin protégerait l'inexpugnable blockhaus, ils formeraient un noyau que la population française irait bientôt grossir, et dont l'existence enhardirait les compagnies à tenter enfin des entreprises sérieuses. Si on leur laissait leur fusil et leur uniforme, ils constitueraient

I. LE TRAVAIL

une milice aguerrie qui ne craindrait pas les Bédouins, et que les Bédouins redouteraient. Qui pourrait trouver mauvais qu'Alger, conquis par notre armée, en devînt le patrimoine ? Nos soldats ont payé Alger au même prix que les premiers *settlers* américains ont acheté l'Ouest, c'est-à-dire de leur sang.

II. L'ARGENT

Sunbury (Pensylvanie) 31 juillet 1835.

Dans une société vouée à produire et à trafiquer, l'argent doit être vu d'un autre œil que chez des peuples à l'esprit militaire ou nourris d'études classiques et de spéculations savantes. Chez ces

derniers, l'argent doit être réputé, théoriquement au moins, un vil métal. L'honneur et la gloire y sont de plus puissans et de plus habituels mobiles que l'intérêt ; c'est la monnaie dont beaucoup de gens se contentent, la seule que plusieurs ambitionnent. Dans une société travaillante, l'argent, fruit et objet du travail, ne sent pas mauvais ; la richesse d'un homme est la mesure de sa capacité et de la considération que ses concitoyens lui accordent.

Quelle qu'en soit la cause, il est certain qu'ici l'argent n'est pas ce qu'il est chez nous, qu'il pèse là où chez nous il n'a pas de poids ; qu'il intervient franchement là où chez nous il se cache.

Déjà, en Angleterre, j'étais étonné de voir de nombreux écriteaux dans les docks, par exemple, menacer d'amende les délinquans à certaines règles de police, avec promesse de moitié pour le dénonciateur. Le sang bouillonnerait dans nos veines si un préfet de police offrait ainsi une prime à la dénonciation. Ici l'on fait comme en Angleterre : on use même plus souvent encore de ce procédé. Lorsqu'un crime est commis, l'autorité s'empresse de faire afficher que 100 ou 200 dollars seront comptés à qui en dénoncera ou en livrera les auteurs. J'ai vu, à Philadelphie, le gouverneur de Pensylvanie et le maire de la ville rivaliser de promesses et enchérir l'un sur l'autre. Un assassinat avait été commis dans une élection

Michel Chevalier

préparatoire ; le maire et le gouverneur s'efforçaient de prouver, par l'élévation de leur offre, l'un, que le parti de l'opposition, auquel il appartenait, était innocent du meurtre, l'autre, au contraire, que c'était ce parti qui l'avait provoqué. Dans certains cas d'incendie et d'empoisonnement, la prime a été portée à 1,000 dollars. Il faut dire qu'en Angleterre (Londres excepté) et en Amérique il n'y a pas de police organisée comme chez nous ; il est donc indispensable que les citoyens la fassent eux-mêmes.

Ici, la règle est que tout se paie. Les musées gratuits et les institutions gratuites de haut enseignement sont inconnus. On ne connaît pas davantage ces fonctions gratuites qui détournent un citoyen de ses affaires, et le mettraient, s'il voulait fidèlement les remplir, dans l'impossibilité de subvenir à l'entretien de sa famille. Les fonctions municipales des campagnes ne sont pas salariées, parce qu'elles réclament peu de soins et de temps, et parce que l'homme des campagnes a plus de momens disponibles que l'habitant affairé des villes. Mais dans les villes, les fonctions publiques sont soldées dès qu'elles deviennent un peu absorbantes. On fait grand usage aux États-Unis du salaire journalier, fort usité aussi en Angleterre. Les membres du congrès sont payés à raison de 8 dollars par jour. Lorsqu'un comité d'enquête législative prolonge ses opérations au-delà de la session, le salaire est continué sur le même pied. Les législatures de tous les états sont rétribuées au jour. Les commissaires des canaux, qui sont en général des hommes notables, c'est-à-dire riches, sont presque tous traités de même : on leur tient compte de leurs jours de service ; pour eux, c'est un simple remboursement de leurs frais. Ceux d'entre eux qui sont en permanence touchent cependant un salaire annuel. D'autres fonctions se soldent par un prélèvement d'honoraires dans chaque affaire ; c est ainsi que se paient, en totalité ou en partie, les procureurs des états, les juges de paix, les aldermen de certaines villes. Les officiers publics et fonctionnaires régulièrement occupés, tels que les gouverneurs des états et les maires des villes importantes, reçoivent un traitement annuel. Les commissaires des banques de l'état de New-York sont dans le même cas. Il est convenu ici que tout travail doit être assimilé au travail industriel et payé de même. L'assimilation est parfaite entre la marchandise intellectuelle et la marchandise matérielle, entre le capital et le

II. L'ARGENT

talent, les écus et la science. Cette habitude met tout le monde à l'aise ; elle facilite, abrége et simplifie les relations. L'on n'éprouve nul embarras pour demander un service, dès qu'on sait qu'on aura à le payer. Tout se règle d'ailleurs rondement et sans difficulté, parce que, dans une société qui travaille bien et beaucoup, on a le moyen d'être large.

Si l'on récompense par l'argent, on punit aussi par l'argent. On sait qu'en Angleterre un procès en adultère ruine le coupable au profit du mari offensé. Ici le même usage serait consacré si l'adultère n'était extrêmement rare. La loi américaine est très sobre de peines corporelles en fait de simples délits, mais elle multiplie l'amende. Sur la plupart des ponts de bois est écrite la défense de les traverser plus vite qu'au pas, sous peine d'une amende déterminée de 2, 3 ou 5 dollars.[1] Lorsqu'un homme est prévenu ou même accusé d'un crime, faux, incendie ou meurtre, on s'assure, non de sa personne, mais de sa bourse ; c'est-à-dire qu'au lieu de l'arrêter, on lui fait donner caution pour une somme laissée à la discrétion de l'autorité judiciaire. L'année dernière, à Nashville, pendant qu'une convention refaisait la constitution de l'état du Tennessée, un des membres de cette assemblée, général de milices, comme il y en a des milliers dans les campagnes, homme d'une grande fortune, et partant fort *respectable*, se prit de querelle avec un journaliste de l'endroit, et le menaça de lui faire éprouver la justesse de sa carabine. En effet, quelques jours après, il la lui déchargea dans le corps à bout portant, dans le *bar-room* d'une hôtellerie du lieu. La justice, saisie de l'affaire, se contenta de demander caution au général ; moyennant donc le dépôt de quelques milliers de dollars, il resta en pleine liberté, et continua de siéger dans la convention[2] et de participer à la rédaction de la constitution de l'état. Tant de ménagemens à l'égard d'un assassin, et ceux que je vois prodiguer à des incendiaires et à des faussaires, rappellent les temps de barbarie où les crimes se rachetaient à prix d'argent. Mais, d'un autre côté, n'est-il pas barbare de sévir contre de simples délits ou contre des

1 Les peines corporelles, autres que la prison, sont fort employées dans les états du sud à l'égard des esclaves. Elles consistent dans une certaine quantité de coups de fouet, dont le nombre est écrit à l'entrée des ponts, par exemple, sur l'écriteau indiquant l'amende dont les blancs sont passibles.

2 J'apprends qu'il vient d'être condamné à de modiques dommages-intérêts pour tout châtiment. La victime a survécu à l'assassinat.

Michel Chevalier

délits spéciaux comme ceux de la presse, par la brutale méthode de l'incarcération ? L'arrestation préventive n'est-elle pas, dans beaucoup de cas, une rigueur odieuse et inutile ? A une époque dont les mœurs douces repoussent tout ce qui sent la violence, et où le travail devient la loi commune, n'est-il pas plus humain et plus moral de punir celui qui enfreint les lois, par l'amende, c'est-à-dire par un prélèvement sur son travail passé ou futur ? On conçoit, d'après ce qui précède, que l'emprisonnement pour dettes répugne aux Américains. Une clameur générale s'est en effet soulevée contre cette peine. La plus grande partie des états l'ont supprimée ; les autres ne tarderont pas à suivre.[1]

La sanction des lois, des réglemens et des plus simples ordonnances de police, est donc ici une sanction d'argent. Si un magistrat a suffisante raison de croire qu'un homme a des projets de désordre ou des idées de violence contre tel ou tel de ses concitoyens, au lieu de le faire arrêter préventivement, il l'oblige à fournir caution en argent de sa bonne conduite. C'est, au fond, l'usage anglais que nous avons dernièrement vu appliquer par le *Speaker* de la chambre des communes, afin d'empêcher un duel entre lord Althorp et M. Shiel, avec cette différence, cependant, que, pour obliger le ministre whig et le membre irlandais à rester tranquilles (*keep the peace*), le *Speaker* les a emprisonnés. En pareil cas, ici, l'on n'emprisonne qu'une somme d'argent. C'est par l'argent qu'on oblige aussi les compagnies à observer les clauses de leurs chartes. C'est par l'argent que les magistrats eux-mêmes sont rappelés à la pratique de leur devoir. Pour remédier à l'excessif morcellement administratif des six états de la Nouvelle-Angleterre, c'est encore l'argent que l'on a fait intervenir. Dans cette partie de l'Union, l'entretien des routes est habituellement à la charge des communes. On conçoit que, dans ce système, il suffirait d'une commune réfractaire pour gêner la circulation dans tout un état. Il a donc été stipulé par la loi que toute commune serait pécuniairement responsable des accidens qui arriveraient aux voyageurs sur son territoire ; il n'est pas rare de lire dans les journaux que telle commune a été condamnée par

---

1 On raconte qu'un chef indien visitait les prisons de Baltimore, et s'informait avec curiosité des causes de la détention de chaque prisonnier. Quand il fut arrivé à la cellule d'un détenu pour dettes, et qu'on lui eut expliqué que cet homme était là jusqu'à l'acquittement de ce qu'il devait, il s'écria : « Mais où sont donc les castors dont il puisse ramasser les fourrures ? »

II. L'ARGENT

les tribunaux à 500 ou 1,000 dollars de dommages-intérêts envers un voyageur qui a versé sur une de ses routes ou l'un de ses ponts. Tout récemment la ville de Lowell (Massachusetts) a eu à payer 6,000 dollars (32,000 fr.) à deux voyageurs qui s'étaient ainsi cassé la jambe. Le juge a voulu que les plaignans fussent remboursés non seulement de leurs frais de maladies, mais aussi des bénéfices probables qu'ils eussent réalisés par leur industrie pendant la durée de leur traitement.

Chez nous, aujourd'hui encore, ce n'est point l'argent, c'est l'honneur que l'on met toujours en avant. Si l'on admet que la base des monarchies soit l'honneur, et que l'on organise tout sur ce principe immatériel, rien de mieux ! Quoique la raison ne soit pas dans l'absolu, et que tout ce qui est absolu soit éminemment imparfait et transitoire, le principe absolu de l'honneur vaut, sous tous les rapports, en logique, en morale, en pratique, le principe absolu de l'argent. Il s'harmonise beaucoup mieux avec notre généreuse nature française ; mais il faudrait que l'honneur fût réel, que la considération fût incontestée. Il faudrait que le pouvoir, qui en est le distributeur, fût honoré et considéré lui-même.

Si l'autorité suprême est vilipendée, honnie, les fonctions publiques sont un titre, non au respect, mais à l'insulte. Si la défiance envers le pouvoir est admise en principe, si elle est consacrée par les habitudes modernes de législation et d'administration, n'est-il pas vrai que vos prétendus salaires en considération sont dérisoires, et que votre système repose sur un gros contre-sens ? Ah ! si la royauté trônait encore, toute-puissante, dans la magnificence de Versailles, parmi son armée de gardes étincelans d'or et d'acier, au milieu de la plus brillante cour dont l'histoire ait consacré le souvenir, entourée du prestige des arts empressés à l'adorer ; ou si le prince, sauveur de la patrie, mis sur le pavois par la victoire, datait encore ses décrets au monde du palais des rois ses vassaux, ou du Schœnbrunn des Césars terrassés ; s'il faisait et défaisait les rois comme aujourd'hui un ministre les sous-préfets ; si, sur un mot de sa bouche, les vieux soldats marchaient fièrement à la mort ; si la terre s'inclinait devant lui, s'il était l'oint du Seigneur, l'élu et l'idole du peuple ; ah ! si vous aviez encore la monarchie de Louis XIV ou de Napoléon, vous seriez bien venus à parler de considération et d'honneur ! Être signalé par un geste royal était alors une distinction éminente.

Michel Chevalier

La faveur du prince attirait alors la confiance ou les hommages extérieurs des populations. Les préséances étaient dignes d'envie du temps des pompes de Versailles, ou lorsqu'aux Tuileries l'on était exposé à se perdre dans un embarras de rois. Que signifient-elles, qui peut s'en soucier aujourd'hui que la vie du prince a été noyée dans le prosaïsme universel, aujourd'hui que les cérémonies publiques sont abolies, aujourd'hui qu'il n'y a plus de cour, plus de costumes ? Les titres ont été profanés par l'impéritie et la sottise de ceux qui avaient à en soutenir l'éclat, ou ternis par le venin d'une jalousie bourgeoise. Vos cordons, vous avez été obligés de les semer sous les pieds des chevaux. Le système d'honneur est ruiné. Pour le relever solidement, il faudrait une révolution, non pas sur le patron de celle de juillet, mais une immense révolution, de la taille de celle qui a mis trois sièles à mûrir, depuis Luther jusqu'à Mirabeau, et qui, mûre enfin, a pendant cinquante ans bouleversé les deux mondes ; une révolution au nom du principe d'autorité, pareille à celle que nos pères accomplirent au nom de la liberté.

Parmi les mots attribués à M. de Talleyrand on cite celui-ci : « Je ne connais pas un Américain qui n'ait vendu son chien ou son cheval. » Il est certain que les Américains sont l'exagération des Anglais, que Napoléon appelait un peuple marchand. L'Américain est toujours en marché. Il en a toujours un qu'il vient d'entamer, un autre qu'il vient de conclure, et deux ou trois qu'il rumine. Tout ce qu'il a, tout ce qu'Il voit, est, dans son esprit, marchandise. La poésie des localités et des objets matériels, qui couvre d'un vernis religieux les lieux et les choses, et les protège contre le négoce, n'existe pas pour lui. Le clocher de son village ne lui est rien de plus qu'un autre clocher, et, en fait de clocher, pour lui, le plus beau, c'est le plus neuf, le plus fraîchement peint en blanc et en vert. Pour lui, une cascade, c'est de l'eau motrice qui attend sa roue hydraulique, un *water-power* ; un vieil édifice, c'est une carrière de matériaux, fer, pierres et briques, qu'il exploite sans remords. L'*Yankee* vendra la maison de son père, comme de vieux habits, vieux galons. Il est dans sa destination de pionnier de ne s'attacher à aucun lieu, à aucun édifice, à aucun objet, à aucune personne, excepté à sa femme, à qui il est indissolublement lié, la nuit et le jour, depuis le moment du mariage jusqu'à ce que la mort l'en sépare.

Au fond de tous les actes de l'Américain il y a donc de l'argent ;

II. L'ARGENT

derrière chacune de ses paroles, de l'argent. Ce serait cependant se tromper que de croire qu'il ne sache pas s'imposer de sacrifices pécuniaires. Il a même l'habitude des souscriptions et des dons volontaires ; il la pratique sans regrets, plus souvent que nous, et plus largement aussi ; mais sa munificence et ses largesses sont raisonnées et calculées. Ce n'est ni l'enthousiasme ni la passion qui délient les cordons de sa bourse ; ce sont des motifs politiques ou de convenance ; c'est le sens de l'utile, c'est la conscience de l'intérêt public qui implique, il le sent, son intérêt privé de simple citoyen. L'Américain admet donc volontiers des exceptions à sa règle de conduite toute commerciale. Il donne de l'argent, il se met en course, il assiste à quelques séances de comité, il rédige à la volée un avis ou un rapport. Il se transporte même de sa personne, en grande hâte, à Washington, pour présenter au président des *résolutions*, ou à la cité voisine, pour assister à un banquet ou à une assemblée, d'où il s'empresse de revenir ; mais il tient, dans ce cas, à ce que le caractère exceptionnel de ses démarches et de la cause qui les provoque soit très net. Il veut que l'intérêt public soit bien positivement en jeu. Il tient surtout à ce que le sacrifice en soit un d'argent seulement, une fois pour toutes, et à ce que son temps soit respecté. A tout ce qui est affaires privées, à tout ce qui exige du temps, de l'assiduité, il applique le principe du négoce, rien pour rien. Il paie le travail privé d'autrui avec des dollars, et il entend que l'on en use de même avec lui, parce que les complimens lui semblent chose trop creuse pour être mis en balance avec un service positif, et que les distinctions, telles que les préséances, sont inconnues chez lui, incompréhensibles pour lui. C'est à ses yeux un principe fondamental que tout travail doit porter son fruit. L'idée de salaire et celle de fonction sont si intimement liées dans son esprit, que l'on voit dans tous les almanachs américains le chiffre des appointemens à côté du nom du fonctionnaire. Il pense que l'on ne vit pas de pain sec et de gloire. Il songe au bien-être de sa femme et de ses enfans, à celui de ses vieux jours à lui-même, et, si on lui disait qu'il y a des pays où il est permis d'en faire abstraction pour plaire à son voisin ou pour mériter les politesses des magistrats, le fait lui paraîtrait grotesque.

En France, nos mœurs sont celles d'une société de désoeuvrés, dont les instans n'ont aucun prix, et où l'on ne peut faire un meilleur

Michel Chevalier

usage de son temps que d'obliger son prochain. A part les préjugés d'un libéralisme étroit, dont nous sommes dominés, mais qui ne peuvent empêcher notre nature de percer, les attentions d'un supérieur nous transportent, les distinctions nous enivrent. Il y a vingt ans, les Français exposaient leur vie pour un bout, de ruban. Tels nous avons été, tels nous continuerons d'être. Nous ne serons jamais faits à l'américaine ; je suppose même que le temps n'est pas loin où les Américains se transformeront jusqu'à un certain point dans notre sens ; mais ne pourrions-nous, ne devrions-nous pas modifier aussi nos idées jusqu'à un certain point d'après leur expérience ?

Notre système de fonctions gratuites suppose que la France possède un nombre assez considérable de gens à grande fortune et à éducation large, pour laisser une certaine latitude au gouvernement ou aux corps électoraux dans leurs choix. Cela n'est point. La France est un pays pauvre. L'accroissement des richesses dans quelques centres commerciaux, épars çà et là sur le globe, et dans presque toute l'Angleterre, et le raffinement de la civilisation qui en a été la conséquence, ont singulièrement étendu le cercle des objets de première nécessité pour toutes les classes. Vous êtes gêné aujourd'hui avec le revenu qui vous faisait opulent il y a cent ans, et riche il y en a trente. Transportez donc Mme Sévigné, avec ses 10,000 livres de rentes, au milieu des bals d'Almack, ou même dans nos salons parisiens ! La classe la mieux pourvue, dans les trois quarts de la France, en est cependant aux 10,000 livres de Mme de Sévigné. Je ne dis pas où en est la multitude qui s'agite autour de cette aristocratie ; l'idée seule de tant de misère fait frémir. Abstraction faite de Paris et de quatre à cinq métropoles, les riches sont en si petit nombre en France, qu'on pourrait les compter. Ils ne forment pas classe. En fait de classes répandues sur tout le territoire, nous n'en avons aucune qui s'élève au-dessus de la médiocrité, de l'aisance. Parmi les gens aisés, il est vrai que les hommes de loisir abondent, et il semble que le gouvernement n'aurait entre eux que l'embarras du choix. Malheureusement, ces hommes de loisir, par cela seul qu'il sont et ont toujours été de loisir, qu'ils ont été élevés dans des idées et dans une atmosphère de loisir, sont hors d'état d'administrer et de réglementer les intérêts devenus dominans aujourd'hui, ceux de l'industrie et du travail.

II. L'ARGENT

L'éducation littéraire est commune parmi eux ; mais l'éducation largement entendue y est extrêmement rare. Les hommes de cette classe ont très peu vu ; ils savent Rome et la Grèce, ils ignorent l'Europe actuelle et, à plus forte raison, le monde actuel ; ils sont étrangers aux faits présens et positifs de la France elle-même.

On concevrait les avocats du système des fonctions gratuites, s'ils étaient partisans de l'aristocratie, s'ils tenaient à écarter de l'administration du pays les hommes de talent pauvres, et à confisquer toute l'influence au profit des riches : mais au contraire, ce sont des apôtres du libéralisme, des défenseurs de l'égalité. Amis sincères du pauvre, j'en suis persuadé, ils se sont mis en tète que le meilleur procédé d'amélioration populaire consistait dans la réduction des dépenses publiques ; pour eux, toute réduction d'appointemens est une victoire ; toute suppression une glorieuse conquête. C'est ainsi qu'ils ont été tout fiers, lors de la discussion de la loi municipale, d'y faire insérer un article portant que les maires ne pourraient rien recevoir des communes, à quelque titre que ce fût. Les villes principales étaient dans l'usage d'allouer à leurs maires des indemnités pour frais de représentation et autres objets. C'était juste, non-seulement parce que dans les grandes villes les fonctions de maire sont difficiles à remplir, absorbent toute l'activité d'un homme et ne lui laissent pas le temps de vaquer à ses affaires, mais aussi parce qu'en fait ces fonctions obligent les titulaires à mille dépenses, dont nos économiseurs parlementaires, dans leur empyrée métaphysique, ne se doutent nullement. Cet amendement était déplorable le lendemain d'une révolution qui s'était accomplie malgré ce qui reste en France de grande propriété, et qui, par conséquent, écartait nécessairement des emplois publics la plupart des riches ; il l'était, dans un temps de crises terribles où les fonctions municipales, dans nos grandes cités, telles que Lyon, Marseille, Rouen, Bordeaux, exigeaient à tout prix des hommes de tête et de cœur. Nos rogneurs de budget l'ont emporté cependant, et, si l'on ne trouve plus personne dans nos villes pour se charger des fonctions municipales, si les préfets sont obligés de les colporter pour les offrir à tout venant, c'est à eux que la responsabilité en revient pour la meilleure part.

Les traitemens élevés répugnent à la démocratie parce qu'elle ne les conçoit pas. L'ouvrier, qui gagne 500 dollars, se croit généreux

Michel Chevalier

envers un fonctionnaire à qui il en octroie 1,500 ou 2,000 ; tout comme nos bourgeois à 10,000 fr. de rentes ne comprennent pas qu'à Paris un fonctionnaire, qui reçoit 12,000 ou 15,000 fr., ne soit pas satisfait. Les Américains s'étaient persuadés qu'il pourrait chez eux, comme ailleurs, y avoir deux monnaies, l'argent et la considération publique. Sur l'autorité de Franklin, ils avaient supposé qu'il leur serait facile de trouver des fonctionnaires capables, en leur offrant l'honneur pour principal salaire. Ils se sont trompés. Chez eux, les fonctions publiques ne sont point un titre au respect, tout au contraire. Comme elles ne sont rétribuées ni en considération, ni en écus, ce n'est plus qu'un pis-aller. A l'exception d'un très petit nombre de places que l'appât du pouvoir fait rechercher encore, malgré les déboires dont il faut acheter le plaisir de commander et d'avoir des inférieurs, elles ne sont courues que par la portion flottante de la population, qui n'a pu prospérer dans l'industrie et qui se meut de carrière en carrière. Ce n'est même pas, à proprement parler, une profession ; c'est un emploi provisoire pour les gens déclassés. Dès que l'on a trouvé mieux dans le commerce et les entreprises, on remercie l'état. L'école de Westpoint fournit tous les ans à l'armée une quarantaine de lieutenans ; un tiers environ donnent leur démission avant deux ou trois ans de services, parce que la solde des officiers, quoique plus considérable que chez nous, est encore fort modique, relativement aux bénéfices d'un négociant ou d'un ingénieur.

Les fonctions publiques, en général, sont plus aisées à remplir aux États-Unis qu'en France. Toute question à résoudre embrasse une plus grande complication d'intérêts chez nous que chez eux, et exige plus de connaissances. Les attributions du gouvernement sont, en France, bien autrement étendues et variées. L'employé, chez nous, est astreint à apporter à son travail plus de soin que l'on n'en exige ici. La moyenne des salaires américains est cependant bien supérieure à la nôtre. Quand le congrès et les états particuliers auront besoin d'hommes capables pour fonctionnaires, ils feront comme les négocians américains à l'égard de leurs commis, ils les paieront. Le congrès a eu récemment l'occasion de sentir qu'il lui fallait de bons officiers de marine, et il vient d'augmenter les appointemens de ce corps. On peut même dire que les fonctionnaires, qu'ils traitent

II. L'ARGENT

avec une excessive lésinerie, sont en petit nombre.[1] Au ministère des finances, à Washington, surcent cinquante-huit employés, il n'y en a que six qui touchent moins de 1,000 dollars (5,333 fr.) ; il est vrai qu'il n'y en a que deux qui en aient plus de 2,000 (10,666 fr.) ; c'est la doctrine de l'égalité appliquée aux traitemens. Comme les subsistances usuelles, c'est-à-dire le pain, la viande, les salaisons, le café, le thé, le sucre et le chauffage, sont généralement à plus bas prix aux États-Unis qu'en France, et surtout qu'à Paris, un traitement de 1,500 à 2,000 dollars suffit, dans la plupart des cas, à entretenir une famille dans l'abondance et le comfort. L'employé qui, à Paris, reçoit 2,500 à 3,000 fr., vit de la plus stricte économie s'il est célibataire, et de privations s'il est marié. A Washington ou à Philadelphie, il aurait 6,000 fr. et vivrait dans une aisance sans éclat à coup sûr, sans aucun luxe extérieur, mais fort ample. Il n'y serait pas, comme il l'est chez nous, au supplice de Tantale ; car l'existence fastueuse des privilégiés des capitales européennes est inconnue aux États-Unis. A Paris, l'employé est éclaboussé par l'équipage d'un homme qui dépense 100,000 fr. ; à Philadelphie, il coudoierait sur le trottoir un opulent capitaliste, qui n'a pas de voiture, parce qu'il n'en saurait que faire, et qui, avec un revenu de 30,000 ou 60,000 dollars, n'en peut dépenser que 8 à 10,000 au plus. Le rapport des existences, qui est à Paris de un à quarante, n'est plus ici que d'un à huit.

Ici, l'existence du négociant le plus riche, celle de l'employé et celle de l'ouvrier ou du fermier, sont parfaitement comparables. C'est pour tous le même cadre, pour tous les mêmes habitudes. Tous ont des maisons semblables et sur le même plan. Il n'y a de différence qu'en ce que l'une aura cinq à six pieds de plus de façade et un étage en sus ; mais la distribution et le système d'ameublement sont identiques. Tous ont des tapis de la cave au grenier ; tous dorment dans un grand lit à colonnes du même modèle, au milieu d'une chambre sans cabinets, sans alcôve, sans double porte et aux parois nues ; seulement les tapis de l'un sont grossiers, ceux de l'autre sont du plus beau tissu, et le lit du riche est en acajou., tandis que celui du *mechanic* est en noyer. D'ordinaire la table de

1 Ce sont, dans la plupart des états, les gouverneurs, et par-dessus tou, les ministres du gouvernement fédéral. Ces derniers ne reçoivent que 6,000 dollars. (32,000 fr.), sans logement ni autres accessoires, et ils sont astreints par l'usage à une certaine représentation.

Michel Chevalier

tous est servie de même ; c'est le même nombre de repas ; ce sont à peu près les mêmes plats. C'est au point que, si mon palais français avait dû prononcer entre le dîner d'un hôtel de grande ville (à l'exception de Boston, New-York, Philadelphie et Baltimore), et celui de certaine taverne d'ouvriers, dans la campagne, où j'avais pour voisin le maréchal ferrant du lieu, les bras retroussés et le visage noir, je crois, en vérité, qu'il se fût prononcé pour le second. Voilà spécialement pour le nord, et avant tout pour la Nouvelle-Angleterre, patrie de l'*Yankee* Dans le sud, l'existence du planteur sur ses domaines s'élargit de tout ce qui est retranché au commun des hommes, qui est esclave. Au nord, cependant, depuis quelques années, le commerce, qui a entassé les hommes dans les villes, a aggloméré aussi les capitaux et créé de grandes fortunes. L'inégalité des conditions commence à s'y faire sentir ; le style des nouvelles maisons de *Chesnut-Street*, à Philadelphie, avec leur premier étage en marbre blanc, est une atteinte à l'égalité. La même innovation se manifeste à New-York. La tendance anti-démocratique du commerce perce au grand jour.

Il m'arrive souvent ici de me sentir humilié de ce que j'entends rapporter du misérable esprit qui anime une portion de notre commerce, et qui nous déconsidère parmi les peuples les mieux disposés à nous estimer et à nous aimer, comme ceux de l'Amérique du Sud. Je m'en console toujours par cette réflexion que, si au dehors nous donnons quelquefois lieu de croire que nous sommes une nation sans foi ni loi, les preuves abondent au dedans que nul peuple n'est plus riche en désintéressement et en vertu. Dans quel pays du monde y eut-il jamais des magistrats plus purs ? Même, en ce siècle de défiance universelle, le soupçon n'a pas osé s'attaquer à eux. Avec quelle impartialité la justice n'est-elle pas rendue chez nous par des juges à 1,200, fr. d'émolumens, avec des présidens à 1,800 fr., et par des conseillers à 3,000 fr. ? Si de la magistrature nous passons à l'armée, nous trouvons des officiers qui n'ont de l'or et de l'argent que sur leurs épaulettes, et qui restent imperturbablement honnêtes et dévoués ; je ne dis rien de leur courage, le monde entier sait qu'en penser. Voyez encore notre marine qui, dans tous les ports étrangers, rétablit l'honneur de notre pavillon, non par les fêtes somptueuses qu'elle donne, mais par sa tenue et sa discipline, en attendant qu'elle ait l'occasion de réaliser les espérances de

II. L'ARGENT

Navarin ; et nos ingénieurs civils et militaires, par les mains de qui passent des sommes énormes, et qui se contentent de leur modeste pitance, sans avoir même le mérite de résister à la tentation, car ils ne la conçoivent pas ; et, même dans les administrations civiles, cette foule d'employés modestes qui n'ont pas, comme d'autres, les charmes économiques de l'étude pour adoucir leur pauvreté, ou les impressions profondes d'une grande éducation pour leur faire dédaigner l'appât des transactions véreuses, et dont cependant la probité ne trébuche pas. Tous rament avec conscience à travers une société dont le luxe et les séductions vont toujours croissant, sans jamais se laisser dériver contre l'écueil de la corruption. C'est là une des gloires de la France, gloire dont elle n'est pas assez fière.

La question est de savoir pourtant, non si cela est honorable, mais si cela peut durer, s'il ne se prépare pas des évènemens ; s'il ne se développe pas au sein de la société de nouveaux usages et des idées nouvelles, qui, d'ici à peu de temps, rendront cet état de choses impraticable.

La grande révolution qui est en train depuis trois cents ans, et qui a changé la foi religieuse d'une partie du monde, a saisi enfin, par la politique et la philosophie, la France, qui lui avait échappé du temps de Luther et de Calvin. La réforme, s'étendant de plus en plus, a envahi l'aspect matériel de la société. Le travail sous toutes les formes, fécondé par la révolution intellectuelle, va enfin porter, en abondance et pour tous, les fruits qu'il ne donnait autrefois qu'en petit nombre et pour une imperceptible minorité. Le cercle de la richesse va s'élargir au décuple, celui de l'aisance au centuple. Il suffit d'ouvrir les yeux pour voir venir des quatre points cardinaux un nouvel ordre de choses, où l'agriculture, les manufactures et le commerce, infiniment plus actifs et mieux combinés que ne pouvaient le supposer nos pères, seront aussi infiniment plus productifs, et où une répartition plus équitable des produits appellera l'immense majorité, sinon la totalité du genre humain, aux joies de la consommation.

Mais cette révolution industrielle et matérielle ne réagira-t-elle pas sur la morale ? Le jour où il sera possible à tous de s'élever par le travail à la richesse ou à l'aisance, l'abstinence et la pauvreté resteront-elles de si hautes vertus, si essentielles à montrer au monde ? Pourra-t-on continuer d'en faire, aux serviteurs de

Michel Chevalier

l'état, une loi permanente ? Sera-ce raisonnable ? Sera-ce possible ?
Les fonctionnaires ne forment pas un ordre de moines, vivant
solitairement, détachés des intérêts et des affections de cette
terre ; ce sont des hommes du monde, à goûts mondains. Ils ont
une femme et des enfans, pour qui ils veulent du bien-être, et ils
ont droit à l'obtenir tout aussi bien que le négociant, le banquier,
le notaire, le maître de forges, le médecin, l'avocat, le peintre, le
compositeur, ou le vaudevilliste.

La France, je le répète, est un pays pauvre. Excepté dans nos grandes
villes et dans quelques départemens du nord, où la richesse publique
s'est développée, et où le luxe et la consommation ont suivi la même
loi ascendante, la situation de la plupart des fonctionnaires publics
est encore tolérable. Avec leurs appointemens de 1,500 fr., 2,000 fr.,
3,000 fr., ils sont, dans beaucoup de provinces, au niveau de tout le
monde. Ils ne s'aperçoivent de leur pénurie que lorsqu'ils sortent
de leur milieu habituel, et surtout lorsque, mettant le nez hors du
territoire, ils se trouvent en contact avec la race anglaise. Mais
quand l'on aura développé, en France, les intérêts matériels ; quand,
par la constitution du crédit public et privé, par l'établissement des
voies de communication nouvelles, par la réforme de l'éducation,
on aura dirigé les esprits vers l'industrie agricole, commerciale
et manufacturière ; quand l'on aura multiplié les sources de la
richesse, et qu'un grand nombre sera admis à y puiser, de quel
droit et sous quel prétexte alors imposerait-on aux fonctionnaires,
pour eux et pour les leurs, une existence de sacrifices ? Tel qui,
aujourd'hui, se résigne à une vie gênée, voudra alors de l'aisance
et du comfort. Il faudra alors, ou convenablement rétribuer les
fonctionnaires, ou se contenter, dans les services publics, du rebut
de toutes les professions. L'élite de la jeunesse française se dispute
encore les places modique d'ingénieurs civils ou militaires de l'état,
et fait huit ans de noviciat dans les collèges, l'École polytechnique
et les écoles d'application, pour atteindre le grade de lieutenant
d'artillerie ou du génie, ou celui d'aspirant-ingénieur des ponts-et-
chaussées ou des mines, avec des appointemens de 1,500 à 1,800
fr., et la perspective de 6,000 à 8,000 fr., après vingt-cinq ans de
labeurs. Que demain l'industrie prenne un rapide essor, et les plus
capables de ces jeunes gens déserteront le service de l'état, une
fois leur éducation terminée, comme ici les meilleurs élèves de

II. L'ARGENT

Westpoint. Ils embrasseront la carrière industrielle, à moins que l'état ne se décide à les traiter mieux pour les retenir près de lui.

Ces idées de parcimonie sont nées chez nous au sein d'une réaction contre le principe d'autorité, réaction qu'avaient légitimée les fautes des dépositaires du pouvoir. Puisque ceux-ci affectaient de croire que les peuples avaient été créés tout exprès pour leur fournir la matière gouvernable et taillable, le public a eu raison de les traiter à son tour comme des excroissances parasites. Tout ce qu'il leur retranchait était autant de pris sur l'ennemi. La condition actuelle des fonctionnaires, sous le rapport matériel comme sous le rapport moral, est donc l'un des effets d'une crise révolutionnaire qui, je le crois, touche à son terme. Lorsque la société aura repris sa marche régulière, lorsque les gouvernans auront prouvé qu'ils sont dignes d'être à la tête des peuples, les gouvernés leur rendront leur confiance, et mettront fin à leurs actes de représailles.

On pourrait croire que chez un peuple profondément absorbé dans les intérêts matériels, tel que celui-ci, les avares doivent abonder. Il n'en est rien. Il n'y a jamais de lésinerie chez l'homme du sud ; il y en a quelquefois encore chez l'*Yankee* ; mais nulle part, au midi ou au nord, on ne rencontre cette sordide avarice dont les exemples sont fréquens en Europe. L'Américain a une idée trop élevée de la dignité humaine pour consentir à se priver, lui et les siens, de ce comfort qui adoucit les frottemens de la vie intérieure. Il respecte trop sa personne pour ne pas l'entourer d'un certain culte. Harpagon est un type qui n'existe pas aux États-Unis, et cependant Harpagon n'est pas à beaucoup près l'avare le plus misérablement crasseux qu'offre la société européenne. L'Américain est dévoré de la passion de la richesse, non parce qu'il trouve du plaisir à entasser des trésors, mais parce que la richesse est de la puissance, parce que c'est le levier avec lequel on maîtrise la nature.

Je dois aussi faire amende honorable aux Américains sur un point essentiel. J'ai dit que toute affaire était pour eux une affaire d'argent ; or, il y a une sorte d'affaire qui, pour nous, peuple à affections vives, peuple aimant, peuple généreux, a principalement ce caractère mercantile, et qui ne l'a point du tout pour eux :: c'est le mariage. Nous achetons notre femme avec notre fortune, ou nous nous vendons à elle pour sa dot. L'Américain la choisit ou plutôt s'offre à elle pour sa beauté, son intelligence et ses qualités

Michel Chevalier

de cœur : c'est la seule dot qu'il recherche. Ainsi, pendant que nous faisons matière à trafic de ce qu'il y a de plus sacré, ces marchands affectent une délicatesse et une élévation de sentimens qui eussent fait honneur aux plus parfaits modèles de la chevalerie. C'est au travail qu'ils doivent cette supériorité. Nos bourgeois de loisir, ne pouvant augmenter leur patrimoine, sont obligés, au moment où ils prennent femme, de supputer sa dot, afin de savoir si son revenu joint au leur suffira aux dépenses du ménage. L'Américain, ayant le goût et l'habitude du travail, est assuré de subvenir amplement, par son industrie, aux besoins de sa famille, et se trouve dispensé de ce triste calcul. Est-il possible de douter qu'une race d'hommes qui réunit ainsi à un haut degré les qualités les plus contradictoires en apparence ne soit réservée à de grandes destinées ?

II. L'ARGENT

ISBN : 978-1533633408